Escapada a las islas

BLUME

Título original *Island Scape*

Traducción y coordinación de la edición en lengua española
Cristina Rodríguez Fischer

Primera edición en lengua española 2022
Reimpresión 2023, 2025

© 2022 Naturart, S.A. Editado por BLUME
Carrer de les Alberes, 52, 2, Vallvidrera
08017 Barcelona
Tel. 93 205 40 00 e-mail: info@blume.net
© 2021 Batsford, Londres
© 2022 de las ilustraciones Millie Marotta

ISBN: 978-84-19094-75-9
Depósito legal: B. 11366-2022
Impreso en China

WWW.BLUME.NET

Millie Marotta

Escapada a las islas

una aventura para colorear

BLUME

Introducción

Las islas son lugares extraordinarios, hogar de una magnífica variedad de plantas y animales que a menudo no se encuentran en ningún otro lugar de la Tierra. Existen islas de todos los tamaños y formas, se hallan en cualquier rincón del mundo y albergan todo tipo de hábitats imaginables (selvas tropicales, montañas, volcanes y zonas pantanosas). Algunas islas se encuentran solas y aisladas, a miles de kilómetros de la costa, y reciben el impacto de elementos hostiles, mientras que otras forman grandes archipiélagos, verdes y llenos de vida.

Las islas pueden ser mágicas, y a menudo evocan pensamientos de aventura, misterio y maravilla. En *Escapada a las islas* las hallará en abundancia. Desde la diminuta isla de Skomer, justo a la puerta de mi casa en Pembrokeshire, Gales, hasta la isla más antigua del mundo, Madagascar, este libro presenta las increíbles especies que solo se pueden encontrar en las islas. Con el paso del tiempo, estos náufragos, aislados de sus primos del continente, han desarrollado hábitos y formas propios de supervivencia y desarrollo, y a menudo se han convertido en especies distintas, únicas tanto en apariencia como en comportamiento. Durante miles de años, algunas especies redujeron su tamaño, como el mapache pigmeo de la isla de Cozumel en México.

Otros perdieron habilidades específicas, como el calamón takahe de la Isla Sur, quien, al carecer de depredadores terrestres, perdió la capacidad de volar.

Sin embargo, si bien muchas especies isleñas han realizado notables adaptaciones para sobrevivir, son especialmente vulnerables a los cambios en su entorno. Si su hábitat sufre daños o es destruido, o su fuente de alimento desaparece, no hay otro lugar al que puedan dirigirse. Muchas especies ya corren un riesgo cada vez mayor debido al aumento del nivel del mar, el cambio climático y otros factores ambientales.

Escapada a las islas defiende solo algunas de las especies únicas que hacen de las islas su hogar. Desde el peculiar lagarto de hocico jorobado hasta una elegante ave tropical de cola roja, o el carismático orangután de Borneo y el adorable perezoso pigmeo de tres dedos, un isleño relajado del Caribe que vive a su propio ritmo.

Relájese y descanse mientras va de una isla a otra por todo el mundo, sumérjase en una isla paradisíaca en la que las lagartijas reposan y las aves marinas surcan los cielos. Maravíllese con el formidable dragón de Komodo y deléitese con la belleza del tilopo de las Marianas.

Sean cuales sean sus gustos personales en cuanto al color, disfrute escapando a sus propias islas de las maravillas e infunda vida a sus habitantes a través del color. Desde el brillante y oscuro plumaje del ave del paraíso cuelgacintas a los tonos suaves de las orquídeas de montaña, de los tonos iridiscentes de la arowana dorada de cola roja hasta los colores caleidoscópicos del camaleón de Socotra.

Como a menudo afirmo en mis introducciones, porque es muy cierto, me encanta hacer estos libros. Son, de hecho, una búsqueda bastante egoísta, que me permite disfrutar de mis días con mis dos amores, el arte y la naturaleza. Me siento inspirada por todos aquellos que disfrutan de mis libros por descubrir en ellos el mundo natural, así como por el obvio gusto que les proporciona colorear y ser creativos. Hacer estos libros implica aprender de manera constante, y estoy encantada por poder compartir ese aprendizaje con mis lectores. Y para las mentes inquisitivas, ansiosas por aprender sobre las especies que colorean, al final del libro hay un completo glosario de ellas.

Asimismo, a lo largo de las páginas de este libro, encontrará numerosas oportunidades para añadir toques personales a los dibujos y le animo a hacerlo,

ya sea creando fondos completos o pequeños adornos; me encanta observar cómo las ilustraciones de mis libros se convierten en obras de arte únicas a medida que cada uno incorpora su propia visión creativa. También se incluyen, al final del libro, páginas para probar sus materiales y gamas cromáticas.

Dado que, en ocasiones, el mundo sigue siendo un lugar desafiante, sé que colorear y todas las actividades creativas, en general, desempeñan un papel importante para ayudarnos a cuidar de nuestro bienestar mental, y lo mismo puede decirse de pasar algún tiempo en la naturaleza. Y no hay mejor combinación, en lo que a mí respecta, que arte y naturaleza. Así pues, con independencia de si colorea para obtener una dosis de creatividad o para disfrutar de un poco de conciencia plena, con *Escapada a las islas* le doy la bienvenida a las maravillas de nuestro mundo natural y al placer de dar vida, a través del color, a cada especie.

¡Su aventura de isla en isla le espera!

Millie Marotta

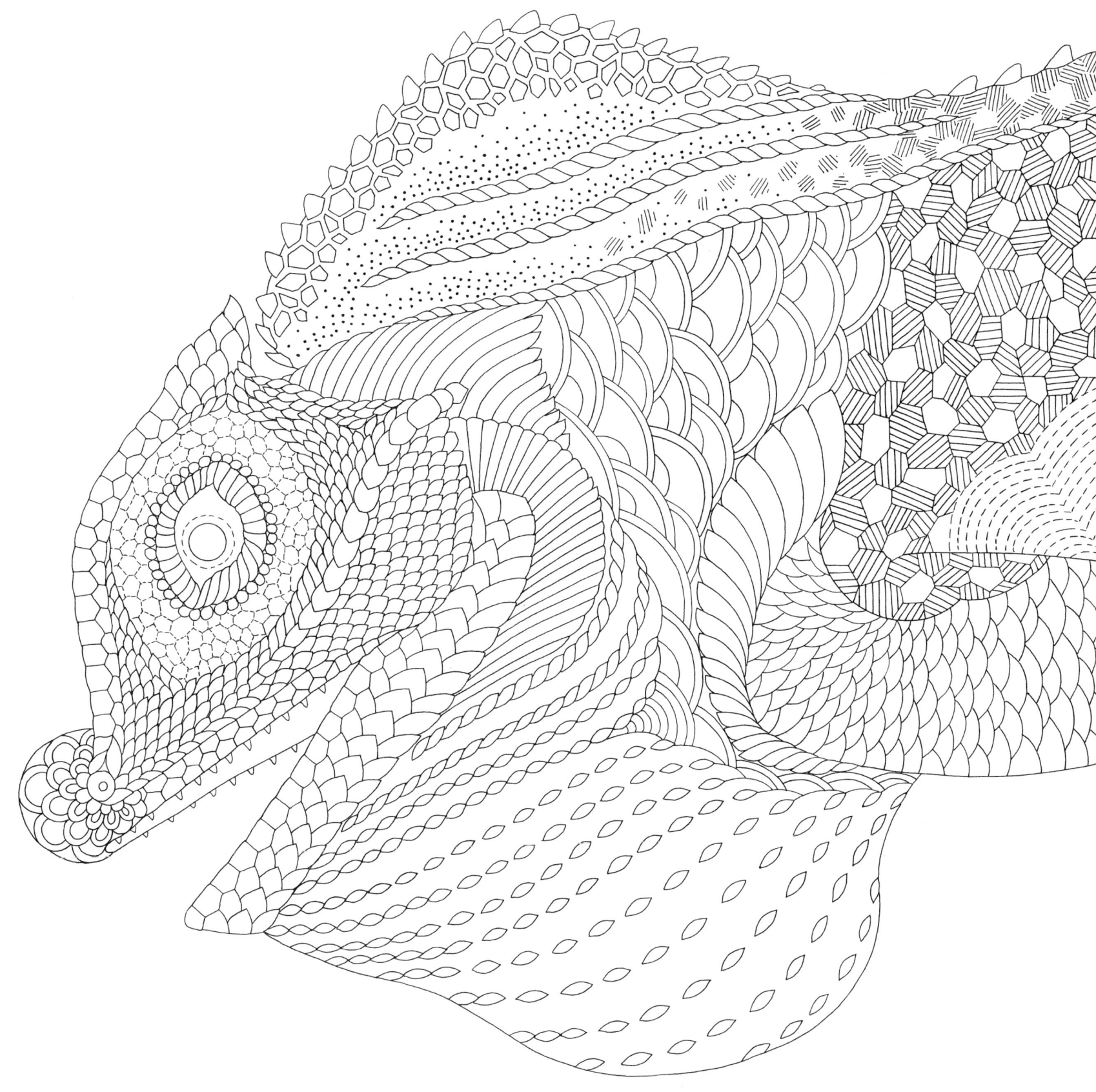

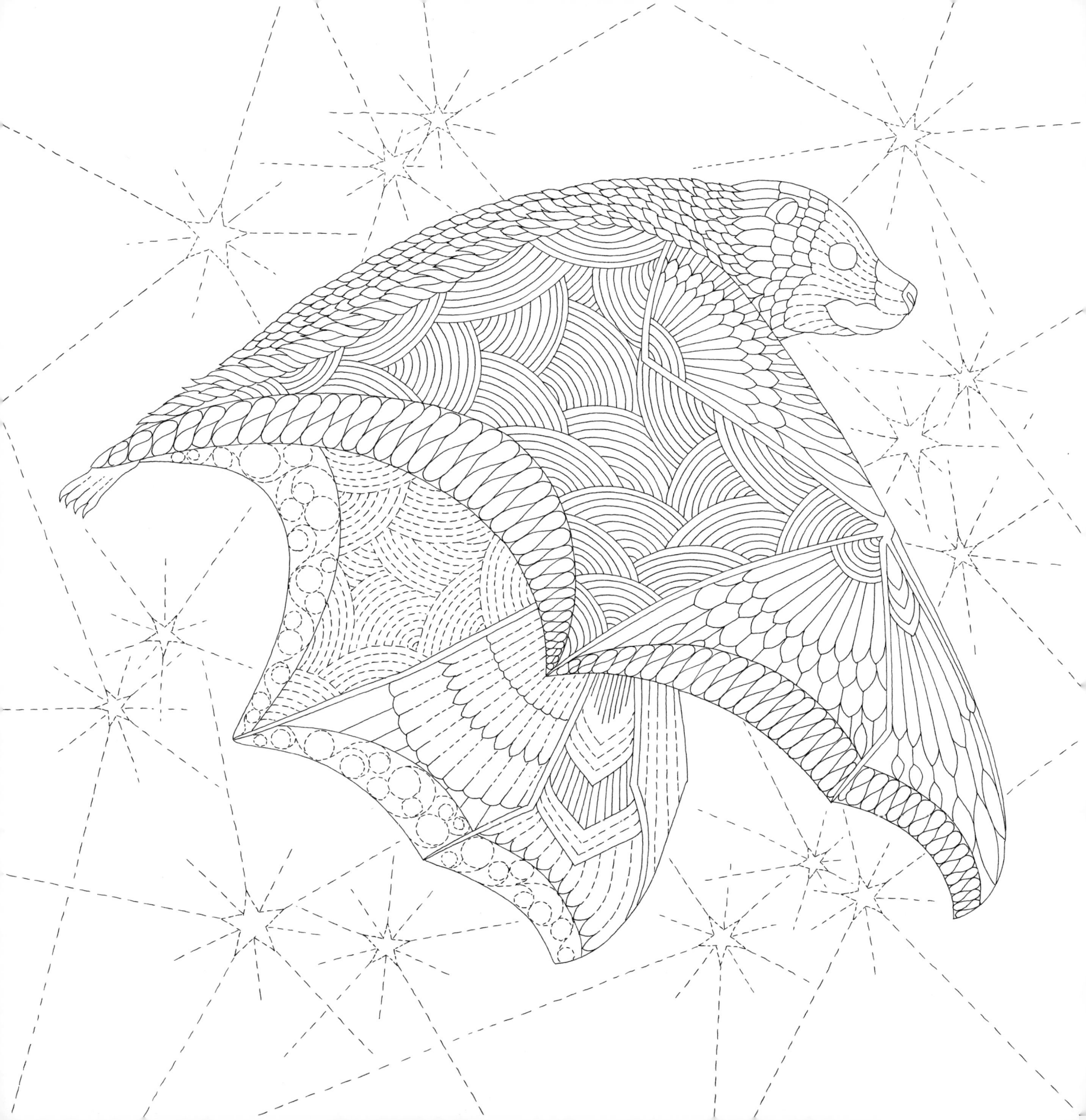

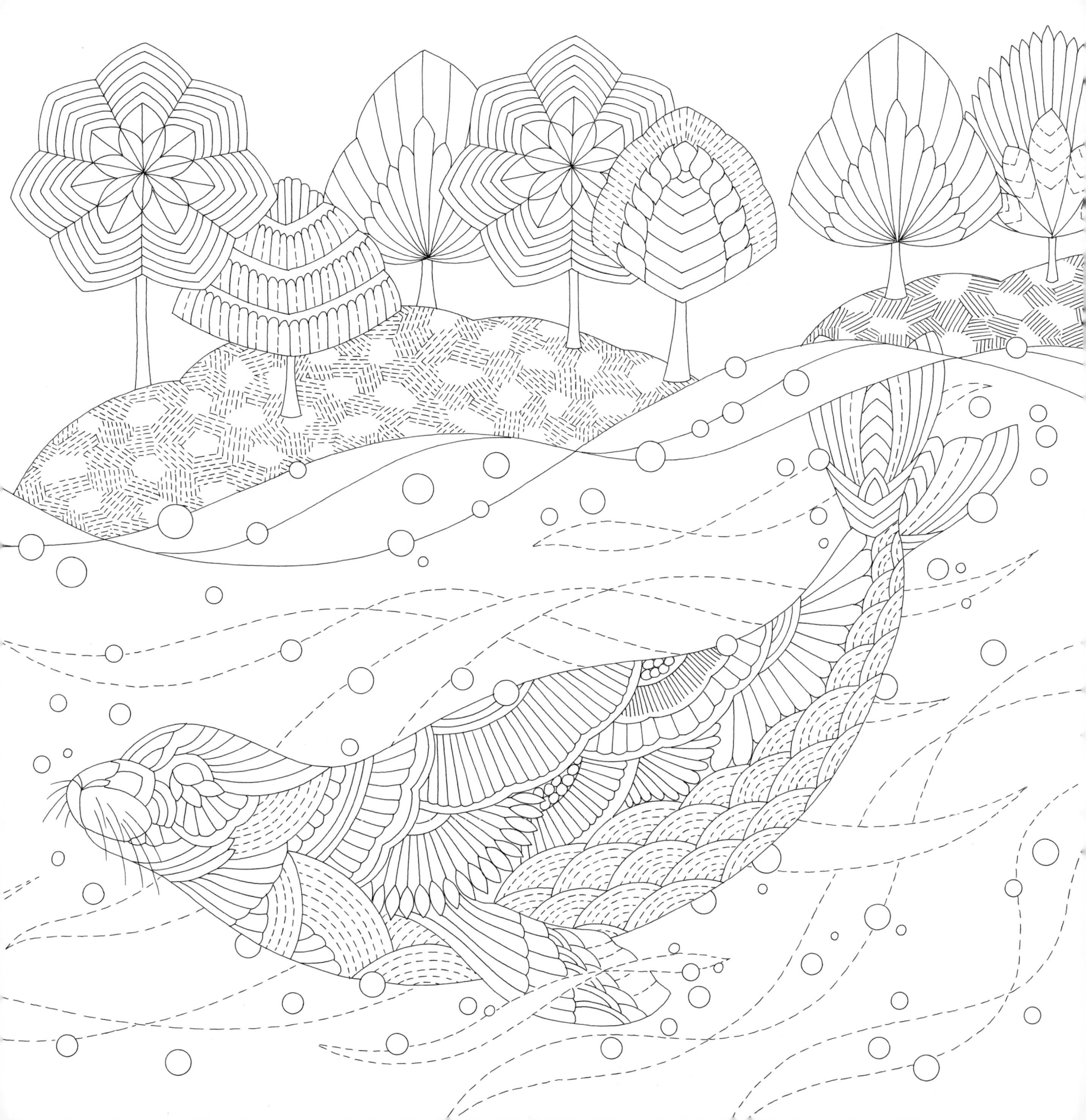

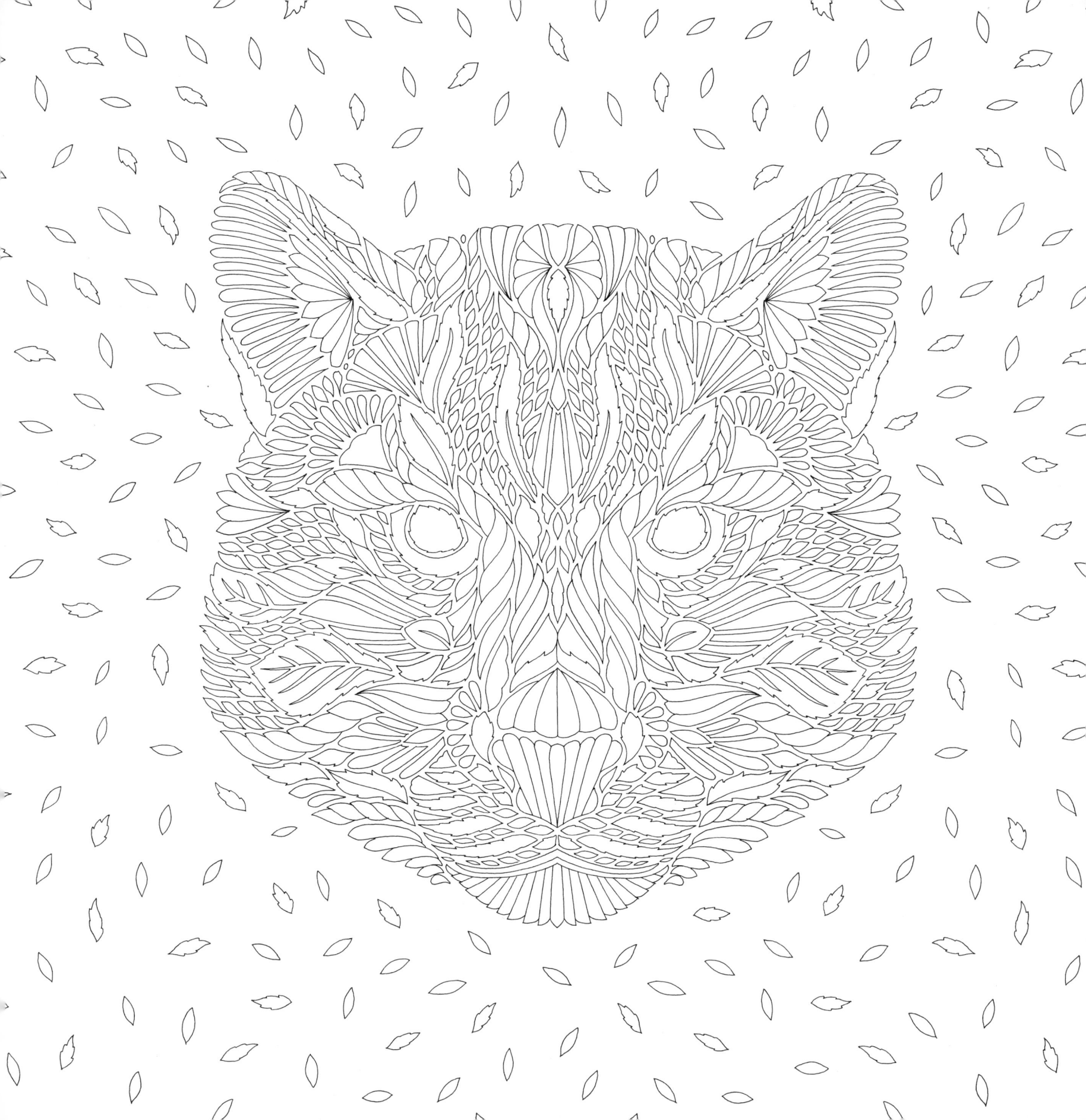

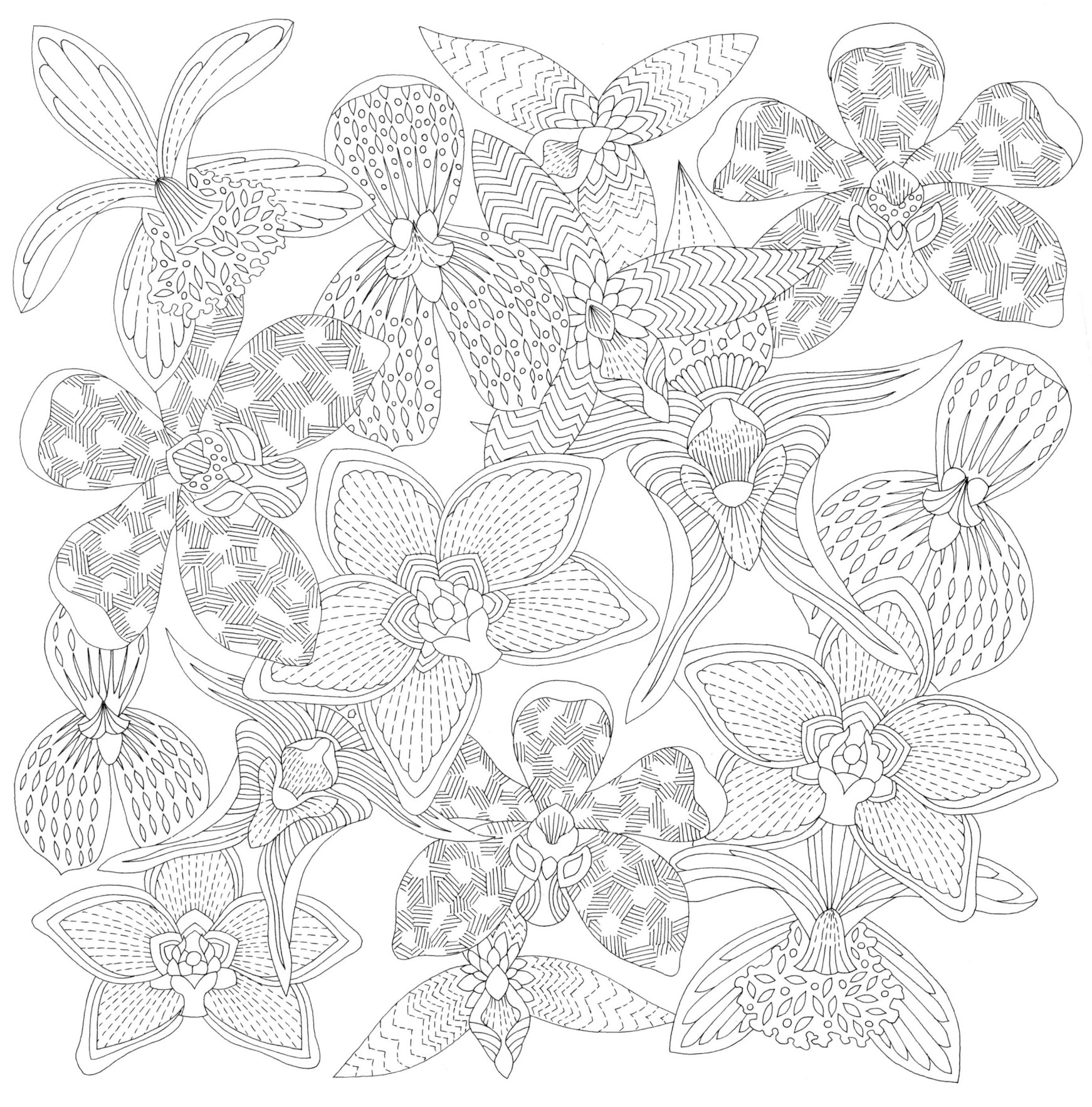

Relación de criaturas

Elefante pigmeo de Borneo
(*Elaphas maximus borneensis*)

Lémur grande del bambú
(*Prolemur simus*)

Tortuga angonoka
(*Astrochelys yniphora*)

Ave del paraíso cuelgacintas
(*Astrapia mayeri*)

Perezoso pigmeo de tres dedos
(*Bradypus pygmaeus*)

Ánade de Laysán
(*Anas laysanensis*)

Faetón colirrojo
(*Phaethon rubricauda*)

Sijú cotunto
(*Margarobyas lawrencii*)

Lagarto de hocico jorobado
(*Lyriocephalus scutatus*)

Pitas

Pita de Mindanao
(*Pitta steerii*)

Pita carinegra
(*Pitta anerythra*)

Pita soberbia
(*Pitta superba*)

Pita de Luzón
(*Erythropitta kochi*)

Macaco de Formosa (*Macaca cyclopis*)

Zorro volador negro de Mauricio
(*Pteropus niger*)

Marta japonesa de Tsushima
(*Martes melampus tsuensis*)

Calamón takahe de la Isla Sur
(*Porphyrio hochstetteri*)

Pez ojos azules de
aleta ahorquillada
(*Pseudomugil furcatus*)

Ardilla pigmea
(*Exilisciurus whiteheadi*)

Orangután de Borneo
(*Pongo pygmaeus*)

Camaleón de Socotra
(*Chamaeleo monachus*)

Foca monje de Hawái
(*Neomonachus schauinslandi*)

Anfibio gigante de São Tomé
(*Hyperolius thomensis*)

Zorro gris de las islas
(*Urocyon littoralis*)

Isla Darter (*Sympetrum nigrifemur*)

Árbol de la sangre de dragón
y Anteojitos de Socotra
(*Dracaena cinnabari* y *Zosterops
socotranus*)

Paseriformes de Hawái
I'iwii (*Drepanis coccinea*)
Apapane (*Himatione sanguinea*)
Kaua'I Amakihi
(*Chlorodrepanis stejnegeri*)

Gecko crestado (*Correlophus ciliatus*)

Zarigüeya de cola de anillo pintada
(*Pseudochirulus forbesi*)

Mariposa cometa (*Argema mittrei*)

Fosa (*Cryptoprocta ferox*)

Filepita suimanga ventrigualda
(*Neodrepanis hypoxantha*)

Marmota de Vancouver
(*Marmota vancouverensis*)

Gallo de Ceilán (*Gallus lafayettii*)

Crótalo de Sri Lanka
(*Trimeresurus trigonocephalus*)

Gato de Iriomote (*Prionailurus
bengalensis iriomotensis*)

Sinsonte de Floreana y opuntia
de las Galápagos (*Mimus
trifasciatus* y *Opuntia galapageia*)

Abeja carder grande
(*Bombus muscorum* var. *scyllonius*)

Mapache pigmeo de Cozumel
(*Procyon pygmaeus*)

Mariposa nocturna (*Phragmatobia
fuliginosa* ssp. *melitensis*)

Arowana dorada de cola roja
(*Scleropages aureus*)

Hermosa goetzea o matabuey
(*Goetzea elegans*)

Cálao de la Narcondam
(*Rhyticeros narcondami*)

Ciervo ratón filipino
(*Tragulus nigricans*)

Sifaka de Verreaux
  (*Propithecus verreauxi*)
Tamarao / búfalo indio
  (*Bubalus mindorensis*)
Tagimaucia (*Medinilla waterhousei*)
Escarabajo de la pulga de la col
  (*Psylliodes luridipennis*)
Árbol de las medusas
  (*Medusagyne oppositifolia*)
Cuol de bronce
  (*Dasyurus spartacus*)
Liebre japonesa
  (*Lepus brachyurus*)
Orquídeas
  Pseudovanilla foliate
  Dryadorchis dasystele
  Diplocaulobium regale
  Bulbophyllum pseudotrias
  Bulbophyllum geniculiferum
  Bulbophyllum artostigma
Campañol de Skomer
  (*Myodes glareolus skomerensis*)
Sinogastromyzon pulliensis
Barrancolí jamaicano
  (*Todus todus*)
Escinco de las islas Salomón
  (*Corucia zebrata*)
Papustyla pulcherrima
Reno de Svalbard (*Rangifer
  tarandus platyrhynchus*)

Vencejillo antillano
  (*Tachornis phoenicobia*)
Mariposa alas de pájaro
  de la reina Alexandra
  (*Ornithoptera alexandrae*)
Langosta espinosa de
  Cabo Verde (*Palinurus
  charlestoni*)
Flores de Malta
  Romulea variicolor
  Anthemis urvilleana
  Cheirolophus crassifolius
Limonium zeraphae
Plantas odre
  Napenthes veitchii
  Napenthes alata
  Napenthes bicalcarata
  Napenthes stenophylla
  Napenthes rajah
  Nepenthes lowii
Alcatraz o piquero de Abbott
  (*Papasula abbotti*)
Cobra de las Andamán
  (*Naja sagittifera*)
Dragón de Komodo
  (*Varanus komodoensis*)
Serau japonés
  (*Capricornis crispus*)
Tilopo de las Marianas
  (*Ptilinopus roseicapilla*)

Malacrostáceos decápodo
  de Ascensión
  (*Johngarthia lagostoma*)
Miconia robinsoniana

Pruebe aquí sus gamas cromáticas y sus materiales para colorear…

También de Millie Marotta

El reino animal. Una aventura para colorear
El maravilloso mundo tropical. Una aventura para colorear
Criaturas curiosas. Una aventura para colorear
La sabana salvaje. Una aventura para colorear
Aves hermosas y otros tesoros de los árboles. Una aventura para colorear
El bosque silvestre. Una aventura para colorear
Secretos del mar. Una aventura para colorear

Maravillas de la vida silvestre. Las ilustraciones favoritas para colorear aventuras
Bestias brillantes. Las ilustraciones favoritas para colorear aventuras